AF562313

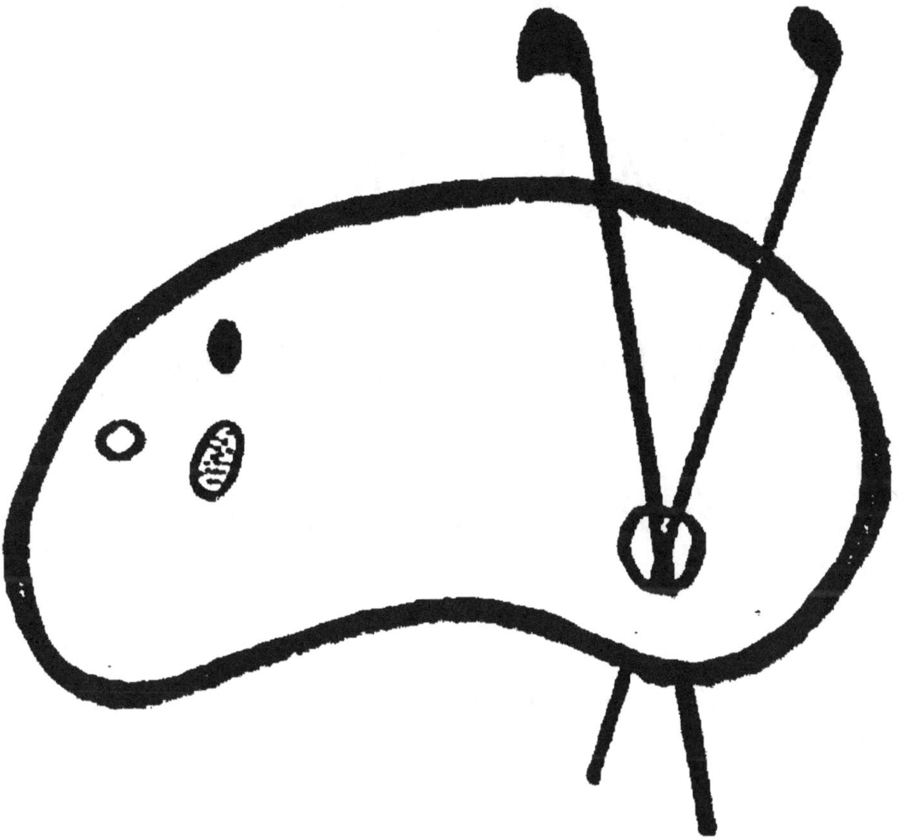

CHARLES ROBERT

De l'Oratoire de Rennes.

LES FILLEULS DES ÉTATS DE BRETAGNE

BAPTÊME

DU DERNIER

FILLEUL DES ÉTATS DE BRETAGNE

DANS

L'ÉGLISE SAINT-GERMAIN DE RENNES

RENNES

IMPRIMERIE MARIE SIMON ET Cie

rue Leperdit, 2 bis.

1896

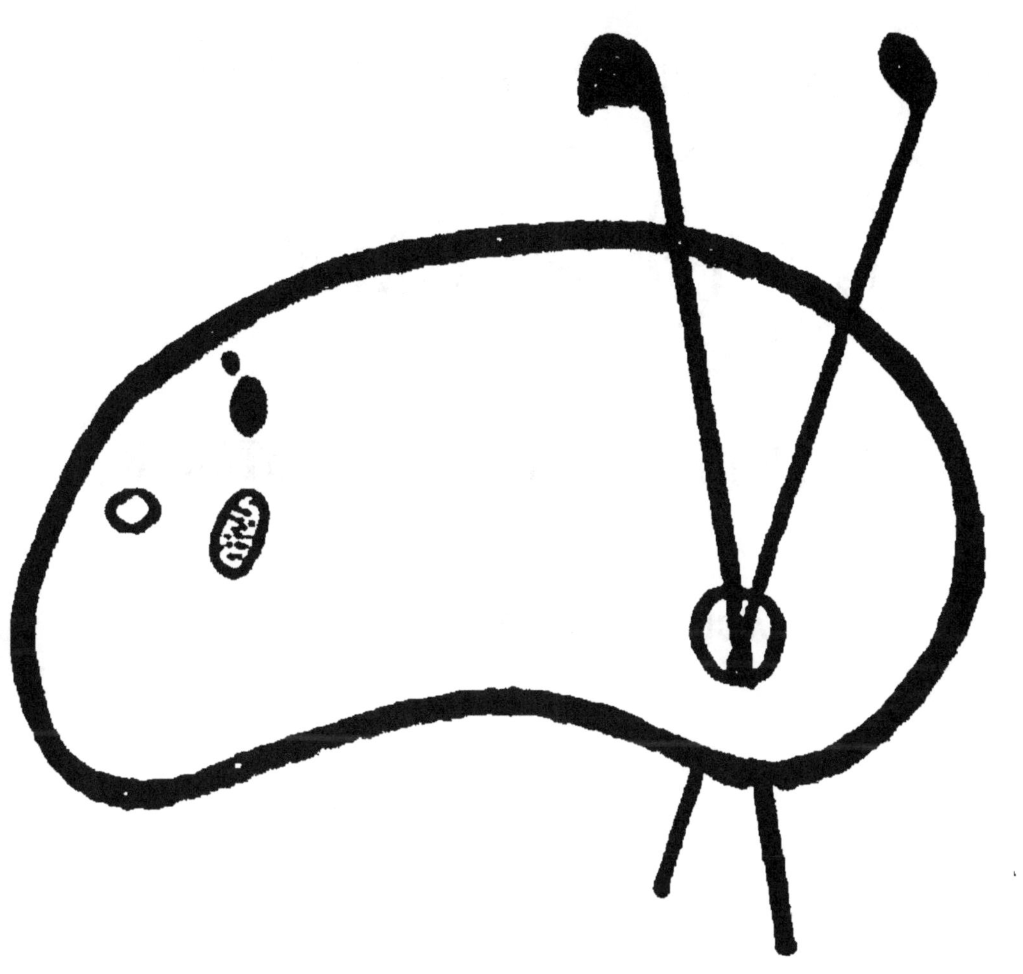

FIN D'UNE SERIE DE DOCUMENTS
EN COULEUR

CHARLES ROBERT

De l'Oratoire de Rennes,

LES FILLEULS DES ÉTATS DE BRETAGNE

BAPTÊME

DU DERNIER

FILLEUL DES ÉTATS DE BRETAGNE

DANS

L'ÉGLISE SAINT-GERMAIN DE RENNES

RENNES

IMPRIMERIE MARIE SIMON ET Cie

rue Leperdit, 2 bis.

1896

LES FILLEULS DES ÉTATS DE BRETAGNE

BAPTÊME

DU DERNIER

FILLEUL DES ÉTATS DE BRETAGNE

DANS

L'Église Saint-Germain de Rennes.

Sous l'ancien régime, il n'y avait en Bretagne aucune assemblée plus auguste et plus vénérée que celle qu'on appelait les États de Bretagne. C'était le grand conseil de la nation, formé des évêques, des abbés et des délégués des chapitres, de la vieille et chevaleresque noblesse bretonne et de l'élite des principales villes.

Recevoir, à la fin de leurs jours, une modeste bourse de jetons de la part des États de Bretagne, était, je l'ai montré ailleurs[1], la récompense la plus ambitionnée par les vieux serviteurs de la province.

1. *Revue numismatique*, 1896 : *Jetons des États de Bretagne, d'après les délibérations et les comptes de ces États.*

Ce n'était pas pour la valeur intrinsèque des jetons, — 160 à 170 livres, qu'est-ce que cela? — mais à cause de l'honneur qu'il y avait d'attirer sur soi la bienveillante attention de « Nosseigneurs les États. »

Cette haute estime, pleine de vénération pour les États de Bretagne, qui est en même temps un signe du grand amour des Bretons pour leur patrie et pour ses institutions séculaires, et qui explique leur incomparable patriotisme, se trouve avec non moins de vivacité chez ceux que l'on pouvait considérer comme les chefs de la Bretagne. Les ducs de Rohan, les ducs de la Trémoille, ces grands seigneurs qui, à la cour de France, occupaient les premiers rangs, n'avaient rien plus à cœur que d'obtenir des États, qu'ils présidaient dans l'Ordre de la Noblesse, « la grâce, » — c'est l'expression dont ils se servent, — de voir leurs fils aînés tenus sur les fonts du baptême par « Nosseigneurs les États. »

⁂

Cet honneur, ou plutôt cette grâce, nous la trouvons pour la première fois sollicitée et octroyée en 1679.

Le duc de Rohan, alors président de la Noblesse, demande que les États veuillent bien être les parrains de son fils, auquel il destine le nom de prince de Léon, et les États chargent leurs députés en Cour de les représenter à cette cérémonie[1].

A la session suivante (1681), les députés en Cour reçoivent la même délégation pour le duc de Tarente,

1. *Arch. d'Ille-et-Vil.*, C, 2659, séance du 1er octobre 1679.

fils du duc de la Trémoille, baron de Vitré[1]. Cet enfant étant mort, les États nommèrent quatre ans plus tard, toujours par leurs députés, le nouveau duc de Tarente, et aussi le fils du marquis de Lannion[2]. Le premier reçut le nom de Charles-Bretagne[3] et le second celui d'Anne-Bretagne[4]. Les frais de ces deux baptêmes s'élevèrent à 1,794 liv.[5]

En 1709, le prince de Léon supplie les Etats, qui « l'ont honoré en voulant bien estre ses parrains, » de daigner faire le même honneur au fils ou à la fille dont il va être père. L'Assemblée bretonne ne se contente pas, dans la circonstance, de déléguer ses pouvoirs à ses députés; elle fait en plus à son ou sa filleule un présent de 11,000 livres[6].

Fut-ce un garçon, fut-ce une fille qui naquit au prince de Léon? Je ne saurais le dire. Mais lorsque, en 1736, le duc de la Trémoille vint demander aux États la même faveur pour l'enfant dont il attendait la naissance, ceux-ci décidèrent qu'ils ne seraient parrains que si l'enfant était un garçon[7]. Ce fut un garçon; et, dans la session suivante, l'évêque de Saint-Brieuc, Louis Vivet de Monclus, rendit compte, en son nom et au nom de ses codéputés en Cour, de la cérémonie du baptême du jeune duc de Tarente. Il dit « que cette cérémonie s'était faite avec toute la dignité et la décence convenables, et que Monsieur et Madame de la Trémoille avoient répondu à

1. *Arch. d'Ille-et-Vil.*, C, 2659, séance du 11 septembre 1681.
2. *Ibid.*, séance du 23 août 1685.
3. Il présida les Etats à Saint-Brieuc en 1715. (*Ibid.*, C, 2799.)
4. Son contrat de mariage fut enregistré aux Etats qui se tinrent à Saint-Brieuc en 1709. (*Ibid.*, C, 2798, séance du 17 décembre 1709.)
5. *Arch. d'Ille-et-Vil.*, C, 2659, séance du 10 octobre 1687.
6. *Ibid.*, C, 2661, séance du 30 décembre 1709.
7. *Ibid.*, C, 2678, séance du 15 décembre 1736.

l'honneur que luy faisoient les États par toutes les marques de politesse, d'amitié et de considérations pour leurs députés qui avoient nommé avec Madame la princesse d'Auvergne, et avoient donné à M. le prince de Tarente le nom de Jan-Bretagne-Charles-Godefroy. »

Les États firent don cette fois encore à leur filleul de la somme de 11,000 livres, somme désormais consacrée[1]. Les députés en Cour avaient d'ailleurs été autorisés à faire tous les frais nécessaires pour la cérémonie.

⁂

A la session de 1742 se produisit un incident qui fait ressortir l'importance que l'on attachait à l'honneur d'être filleul des États de Bretagne.

Le maréchal de Brancas, commandant en chef en Bretagne, et, comme tel, premier commissaire du Roi, sollicita des États « la grâce de tenir sur les fonts de baptême » l'enfant auquel sa belle-fille, Mme de Forcalquier, allait donner le jour. L'évêque de Nantes, Christophe Turpin de Crissé de Sanzai, demande aussitôt la même faveur pour l'enfant attendu du duc de Rohan[2], croyant en cela, dit-il, faire une proposition agréable aux États. La Noblesse, qui semblait voir d'un mauvais œil la proposition du maréchal de Brancas, saisit l'occasion que lui présentait habilement l'évêque de Nantes. Elle demanda que « l'usage observé à l'égard de Messieurs de Rohan et de la Trémoille, ses présidents-nés, fût maintenu, et qu'on établit une distinction

1. *Archiv. d'Ille-et-Vil.*, séance du 7 octobre 1738.
2. Le duc de Rohan avait été nommé par les États en 1709.

entre les enfants de leurs barons et la demande nouvelle faite par Mgr le maréchal de Brancas. »

Après en avoir délibéré, « les États chargèrent leurs députés en Cour de tenir sur les fonts de baptême l'enfant de M. le duc de Rohan, au cas que ce fût un garçon, et autorisèrent leur trésorier à faire les avances nécessaires. » La même décision est prise pour l'enfant du comte de Forcalquier. Mais l'assemblée règle que celui du duc de Rohan sera nommé le premier; et, prévoyant qu'on sera obligé d'ondoyer les deux enfants afin d'attendre l'arrivée à Paris de Messieurs les députés de la Province, on recommande à ceux-ci de bien prendre garde de se conformer à cette décision et de tenir le fils de Mgr le duc de Rohan le premier sur les fonts de baptême[1].

Par cette insistance à mettre à un rang inférieur le petit-fils du premier commissaire du Roi, pour relever les barons bretons, le maréchal de Brancas et le comte de Forcalquier durent se sentir blessés dans leur amour-propre. Le comte de Forcalquier adressa aux États une requête, dont nous ignorons les termes, mais en suite de laquelle « Nosseigneurs les États » décidèrent que son enfant ne serait pas leur filleul[2].

L'enfant du duc de Rohan dont on attendait la naissance fut une fille, ou, si ce fut un garçon, il vécut peu de temps; car, six ans plus tard, en 1748, le 22 novembre, la duchesse de Rohan donnait le jour à un fils qui, comme tous les aînés de la famille, reçut le nom de prince de Léon. Ce fut le

1. *Arch. d'Ille-et-Vil.*, C, 2680, séance du 21 octobre 1742.
2. *Ibid.*, séance du 24 octobre 1742.

président du Tiers qui, cette fois, sollicita pour le nouveau-né le privilège si envié, et cela dans des termes qui montrent la profonde estime que tous les Ordres des États de Bretagne professaient pour cette illustre famille.

« Monsieur le président du Tiers, — lit-on dans le compte-rendu de la séance du 1er mai 1748[1], — monsieur le président du Tiers a dit que les États sont dans l'usage de nommer l'ainé des enfants mâles des maisons de Rohan et de la Trémoille seulement; que cet ancien usage a pour principe le désir de la Province de s'attacher par un nouveau titre les fils ainés de ses premiers barons destinés à l'honneur de présider un jour l'Ordre de la Noblesse; que leur amitié pour les États et celle des États pour eux a concouru au maintien de cet usage; que la Province a nommé M. le prince de Tarente, devenu depuis duc de la Trémoille par la mort de son père, que les États lui ont fait présent, en 1738, de la somme de 11,000 livres en qualité de son filleul et de celle de 15,000 livres à Madame la duchesse de la Trémoille en qualité de leur commère; qu'il ne rappellera pas à l'assemblée les sentiments que mérite M. le duc de Rohan, que tout le monde scait qu'il est digne de servir de modèle aux hommes de la plus haute naissance, et qu'il rassemble les vertus qui forment l'homme de bien; que Madame la duchesse de Rohan, douée de toutes les qualités qui rendent une grande dame respectable et aimable, est accouchée le 12 novembre 1747 de M. le prince de Léon; qu'il est persuadé que les États se porteront avec un égal empressement à en user pour

1. *Arch. d'Ille-et-Vil.*, C, 2683, séance du 1er mai 1748.

M. le duc de Rohan comme il en a été usé pour M. le duc de la Trémoille. »

Les États acquiescèrent aussitôt à cette requête et firent présent de 11,000 livres au prince de Léon, leur filleul, et de 15,000 à Madame la duchesse de Rohan, leur commère.

***

En 1762[1], les présidents des trois Ordres prirent l'initiative d'une faveur à l'égard du duc d'Aiguillon, dont ils se fussent probablement abstenus deux ans plus tard. Ils représentèrent qu'ils avaient une proposition à faire à l'assemblée, qui, supposaient-ils, lui serait très agréable. C'était, en nommant l'enfant du duc d'Aiguillon, de saisir l'occasion de manifester au commandant en Bretagne la reconnaissance des États pour les services qu'il avait rendus à la Province depuis qu'il y commandait. Ils invoquaient l'origine bretonne de Mme la duchesse d'Aiguillon[2] et les occasions qu'elle avait eu de faire connaître combien cet avantage lui était cher.

Ce fut par acclamation que les États souscrivirent à cette requête; ils chargèrent les députés en Cour de nommer l'enfant, si c'était un garçon, et les autorisèrent à faire, dans la circonstance, toutes les dépenses nécessaires. De plus, une députation, ayant à sa tête l'évêque de Saint-Malo, fut envoyée au duc d'Aiguillon pour lui faire part de cette délibération et « l'assurer en même temps de la joie que ressentait l'assemblée de trouver cette occasion de lui prouver l'étendue de sa reconnaissance. »

1. *Arch. d'Ille-et-Vil.*, C, 2680, séance du 1er mai 1762.
2. Elle était fille du comte de Bréhand de Plélo.

Le duc d'Aiguillon se déclara très sensible à l'attention des États, et il ajouta « qu'il n'avait d'autres moyens de leur marquer sa reconnaissance qu'en redoublant de zèle pour les intérêts de la province. » On ne voit pas qu'il ait été fait don à l'enfant et à la mère de présent quelconque.

***

A la séance du 1er novembre 1764, le duc de Rohan, président de la Noblesse, donnait connaissance d'une lettre par laquelle le duc de la Trémoille[1] demandait aux États « la grâce de nommer son fils au baptême, » leur promettant d'aller dans deux ans, c'est-à-dire dans la session suivante, leur témoigner sa vive reconnaissance pour leur bonté. A l'unanimité et par acclamation, les États déléguèrent leurs pouvoirs aux députés en Cour, et, en plus des frais nécessaires, firent présent de 11,000 livres au jeune prince de Tarente, leur filleul, et de 15,000 à la duchesse de la Trémoille, en qualité de leur commère[2].

On veut faire le même honneur, en 1770, à l'enfant qui doit naître de Mme la duchesse de Durfort, et, dans ce but, on ordonne le fonds de 35,000 livres, dont 11,000 pour l'enfant, 15,000 pour la duchesse et 9,000 par estime pour les frais de baptême[3].

Cette cérémonie n'eut pas lieu; car on lit à la séance du 18 novembre 1772 que, « sur le rapport des députés en Cour, les États regardent cette

1. Il avait été nommé par les États en 1737.
2. *Arch. d'Ille-et-Vil.*, C, 2691, séance du 1er novembre 1764.
3. *Ibid.*, C, 2695, séances du 23 octobre et du 28 décembre 1770.

affaire comme finie. » Qu'est-ce à dire? Probablement, ce fut une fille qui naquit.

***

Baptême du dernier filleul des États de Bretagne.

Jusqu'ici, nous n'avons guère eu qu'une liste des filleuls des États, sans détails sur la cérémonie de leur baptême, qui eut toujours lieu à Paris et avec la seule participation des trois députés en Cour.

Il en est tout autre pour le dernier filleul de l'Assemblée bretonne. Son baptême se fit à Rennes, en présence de tous les membres des trois Ordres et avec une solennité dont les registres des États nous ont conservé le compte-rendu très détaillé.

C'était à la tenue de 1784-1785. Le comte Geslin de Trémergat présidait l'Ordre de la Noblesse.

A la séance du mercredi 19 janvier 1785, le comte de Trémergat ne s'étant pas présenté, l'Ordre de la Noblesse élut le vicomte Grignart de Champsavoy pour présider à sa place. Le nouveau président prit aussitôt la parole pour annoncer que la comtesse de Trémergat venait de donner le jour à un fils, et qu'il ne doutait pas que les États se portassent avec grand plaisir à nommer cet enfant. Proposition aussitôt acceptée. Les États ordonnent en conséquence que MM. les présidents des Ordres tiendront sur les fonts du baptême le fils du président de la Noblesse, et que la comtesse de Montmorin, femme du commandant de la Province, serait priée de vouloir bien en être la marraine.

Les présidents des Ordres étaient, pour l'Église, Mgr Urbain-René de Hercé, évêque et comte de Dol; pour la Noblesse, Marie-Joseph Grignart, vicomte de Champsavoy, et, pour le Tiers, Nicolas-Yves Borie, sénéchal de Rennes.

Une Commission fut nommée pour préparer la cérémonie du baptême et en régler les frais. La comtesse de Montmorin, prévenue par une députation, ayant à sa tête l'évêque de Vannes, de la décision des États, accepta avec grand plaisir l'honneur d'être marraine de l'enfant.

Le supplément des cérémonies du baptême, l'enfant ayant été ondoyé, fut fixé au vendredi 21 janvier 1785, à une heure après midi, dans l'église paroissiale de Saint-Germain de Rennes. L'évêque de Léon, Mgr Jean-François de la Marche, fut prié de la présider[1]. Mais, s'étant trouvé indisposé, il fut remplacé par l'évêque de Quimper, Mgr Toussaint Conen de Saint-Luc[2].

Voici le procès-verbal de cette cérémonie, dressé par M. Le Mintier, abbé commendataire de l'abbaye de Bosquen, chanoine de Nantes, et président de la Commission chargée de régler le cérémonial du baptême[3] :

« Le 21 de ce mois, les États aiant levé leur séance à une heure après midi, Messieurs les présidens des Ordres, précédés du héraut de ladite Commission pour le cérémonial et de la maréchaussée, sont allés aussitôt à l'hôtel de Madame la comtesse de Montmorin, à laquelle Messieurs les présidens ont présenté un bouquet et une corbeille, se sont ren-

1. Séance du 20 janvier 1785.
2. Séance du 21 janvier.
3. Lu à la séance du 24 janvier.

dus ensuite avec elle, qui était escortée d'un détachement des gardes de M. le commandant, à l'hôtel de Madame la comtesse de Trémergat pour y prendre l'enfant, qu'ils ont conduit dans le même ordre à l'Église paroissiale de Saint-Germain, où les préparatifs avaient été faits ainsi qu'il suit :

« Le maitre autel était bien paré, le marchepied couvert d'un grand tapis, de même que le sanctuaire et partie du chœur; sur ledit marchepied étoit placé un fauteuil au-devant duquel il y avoit un carreau de velours pour M. l'évêque de Quimper, que les États avoient prié de faire la cérémonie.

« Au bas du marchepied et en face de l'autel étoient quatre autres fauteuils placés sur la même ligne et au-devant de chacun un carreau de velours.

« Madame la comtesse de Montmorin accompagnée de Messieurs les présidens des Ordres étant arrivés à l'Eglise y ont été reçus par la Commission et par le clergé en chapes. M. le Recteur de la paroisse a présenté l'eau bénite à Mgr l'Évêque de Dol qui en a offert à Madame la Comtesse de Montmorin et à MM. les présidens de la Noblesse et du Tiers, après quoi ils ont été conduits par la Commission aux places qui leur étoient destinées, savoir :

« Madame la comtesse de Montmorin au fauteuil qui étoit à la gauche et un peu éloigné des trois autres qui étoient à sa droite et sur lesquels se sont placés Monseigneur l'Evêque de Dol, président de l'ordre de l'Église, Monseigneur Grignart, vicomte de Champsavoy, élu président de l'ordre de la Noblesse, et M. Borie, sénéchal du présidial de Rennes et président de l'ordre du Tiers.

« Dans le chœur et à l'entrée du sanctuaire, Monseigneur le comte Geslin de Trémergat, président de l'ordre de la Noblesse, a pris place en un fauteuil au devant duquel étoit aussi un carreau de velours; tant à la droite qu'à la gauche étoient deux bancs avec accoudoirs couverts de même que les dossiers d'un tapis vert, sur lesquels étoit placée la Commission.

« Dans le reste du chœur étoient les sièges pour les différens membres des États qui étoient présents à la cérémonie.

« Et dans les aisles de l'Église, les chapelles hautes près l'autel et dans la nef étoient des sièges pour toutes les personnes qui y ont assisté.

« La cérémonie s'est faite de la manière suivante, M. l'évêque de Quimper en habits pontificaux, placé sur le marchepied du maitre autel accompagné de M. le Recteur en étolle et du clergé en chapes.

« Au bas du marchepied, en face de l'autel, Madame la comtesse de Montmorin, et MM. les présidens des ordres ont présenté l'enfant qui étoit porté par la nourrice placée pendant toute la cérémonie entre Madame la comtesse de Montmorin et Monseigneur l'Évêque de Dol.

« Les noms donnés à l'enfant sont François, Bretagne, Urbain, Marie, Nicolas, Maurice[1].

« La cérémonie finie et après la signature des registres, Madame la comtesse de Montmorin et MM. les présidens des ordres sont sortis dans le

1. Explication de ces noms : *François*, de Françoise de Tane, comtesse de Montmorin, marraine; *Bretagne*, des Etats de Bretagne, parrains; *Urbain*, de Urbain de Hercé, évêque de Dol, président de l'Eglise; *Marie*, de Marie-Joseph Grignart de Champsavoy, président élu de la Noblesse; *Nicolas*, de Nicolas-Yves Borie, président du Tiers; *Maurice*, de Maurice de Trémergat, oncle de l'enfant. — Dans l'acte de baptême on ne voit pas ce dernier nom.

même ordre qu'ils étaient allés à l'église et se sont ainsi rendus à l'hôtel de Madame la comtesse de Trémergat pour y remettre l'enfant et de là à celui de Madame la comtesse de Montmorin.

« Fait en Commission à Rennes, le 21 janvier 1785. »

Nous avons vu que, à chaque baptême d'un de leurs filleuls, les États se montraient d'une grande générosité..... en dragées.

Cette fois, ils furent d'une munificence vraiment royale.

Ils votèrent d'abord une somme de 35,000 livres, dont 11,000 pour leur filleul, 15,000 pour la mère et 9,000 par estime pour les frais et dépenses du baptême[1].

De plus, sur la proposition de Mgr l'Évêque de Dol, président de l'ordre de l'Église, les États arrêtèrent de faire présent d'un diamant de 10,000 écus à Madame la comtesse de Montmorin, la marraine du petit Bretagne. Leur procureur général syndic fut chargé « de s'adresser incessamment aux meilleurs connaisseurs pour le choix de ce diamant et de le faire venir le plus tôt possible, afin que Messieurs les présidents des Ordres puissent le présenter au nom des États à Madame la comtesse de Montmorin pendant leur assemblée[2]. »

L'évêque de Dol se rendit, avec les deux autres présidents, auprès de la comtesse pour lui faire part de cette délibération des États.

Mme de Montmorin leur témoigna « toute la recon-

1. Séance du 20 janvier.
2. Séance du 22 janvier.

naissance et la sensibilité dont son âme était susceptible. » Mais elle ajouta « qu'elle suppliait les États avec les plus grandes instances de trouver bon qu'elle n'acceptât pas le don qu'ils se proposaient de lui faire; que s'il lui étoit permis de changer la destination de cette somme, elle desireroit qu'elle fût employée par préférence à fonder, pour l'éducation de la jeunesse, trois places dont une à l'hôtel des Gentilshommes, une à l'hôtel des Demoiselles et une troisième pour l'ordre du Tiers. »

Aux instances nouvelles des présidents des États pour lui faire accepter le diamant de 10,000 écus, la comtesse fit cette magnifique réponse : « J'aurai infiniment plus de satisfaction à penser qu'un Gentilhomme et une Demoiselle denués de fortune, ainsi qu'un enfant d'une famille honorable, seroient élevés aux frais des États, d'une manière convenable à leur naissance et à leur état, que de porter au doigt le plus beau diamant de la couronne. »

Les États, touchés des sentiments de délicatesse de la comtesse de Montmorin, renvoyèrent de nouveau vers elle la députation des trois présidents pour la remercier des nouvelles marques d'intérêt qu'elle donnait à la province. L'évêque de Dol lui dit que pour se conformer à ses désirs et à ses vues bienfaisantes, les États venaient de fonder deux places, l'une à l'hôtel des Gentilshommes et l'autre à l'hôtel des Demoiselles, établis en la ville de Rennes, à raison de 10,000 livres pour chacune de ces deux places; puis d'ordonner une pareille somme de 10,000 livres pour fonder une bourse dans l'un des collèges de la province. Les présidents offrirent à la comtesse de Montmorin la première nomination à ces deux places et à cette bourse[1].

Telles furent les cérémonies du baptême du dernier filleul des États bretons. Le jeune Bretagne de Trémergat mourut peu de temps après. On reprocha vivement à son père, pendant les troubles de Rennes de 1788, ce baptême qui, disait-on, l'avait enrichi. Volney prétendit même, dans la *Sentinelle du Peuple*, que le comte de Trémergat avait reçu « 40,000 écus d'une volée, pour dragées de baptême de son enfant. » Et comme conclusion, dans le but d'exciter le peuple par un bon mot, il s'écriait :

« Quarante mille écus, mes amis! Si les États de Bretagne nous payaient ainsi nos enfants, nous serions tous millionnaires[2]. »

C'est une calomnie. Les 40,000 écus, c'est-à-dire les 120,000 livres de Volney, se réduisent aux 11,000 livres données à l'enfant et aux 1[illegible],000 livres données à la mère, selon la coutume : en tout 26,000 livres.

Sans doute le comte de Trémergat hérita des 11,000 livres de son fils, comme le lui reprochait le *Hérault de la Nation*[3]; mais dans cela il n'y a rien que de naturel, et il faut la plus mauvaise foi et surtout un manque complet de bon sens pour reprocher à un père d'hériter de son fils. Nous ne sachons pas d'ailleurs que le Tiers ait rendu, à la

1. Séance du 23 Janvier.
2. *La Sentinelle du Peuple* (1788), n° 3, p. 7.
3. N° 4, p. 57, note 3 : « La dernière dépense de ce genre a été faite en 1784 pour l'enfant de M. le chevalier de Trémergat, président de la Noblesse. Le petit duc de Bretagne est mort : et le père, suivant la Coutume, a hérité de son fils. On a tout lieu d'espérer que les États ne feront pas deux fois cette dépense excessive; le Tiers-Etat n'a pas à se louer du compère et ne contractera plus d'alliance spirituelle avec la Noblesse. »

mort de cet enfant, les 10,000 livres qu'il avait reçues à l'occasion de ce baptême.

Laissons de côté ces crises de mauvaise humeur d'une époque troublée.

La munificence des États de Bretagne pour le baptême de ses filleuls, l'extraordinaire solennité de ces cérémonies, révèlent dans notre vieille province une grandeur de sentiments propres aux seules nations qui ont conscience de leur dignité.

Ch. ROBERT,

De l'Oratoire de Rennes.

Extrait du Registre des Baptêmes et Mariages de la paroisse Saint-Germain de Rennes, 1785. (Bibliothèque de la ville de Rennes.)

« François-Bretagne-Urbain-Marie-Nicolas, fils légitime de haut et puissant Messire Louis-Anne-Pierre Geslin chevalier seigneur comte de Trémergat, chevalier de l'ordre royal et militaire de St Louis, président actuel de l'Ordre de la Noblesse, — et de haute et puissante Dame Anne-Françoise-Marie de Caradeuc, dame comtesse de Trémergat, né rue Royalle le dix-huit janvier 1785 et ondoyé le même jour dans cette Eglise, y a reçu le vingt et un desdits mois et an le supplément des cérémonies du Baptême par illustrissime et reverendissime Monseigneur Toussaint-François-Joseph Conen de Saint-Luc, évêque de Quimper, comte de Cornouaille, et en la présence et à la prière de Missire François-Marie Desprès, recteur de cette paroisse, et a eu pour parain Nosseigneurs les États de Bretagne actuellement séans en cette ville, représentés par les présidens des trois Ordres, scavoir illustrissime et reverendissime Monseigneur Urbain-René de Hercé, évêque et comte de Dol, président de l'Ordre de l'Église; haut et puissant Messire Marie-Joseph Grignart, chevalier seigneur vicomte de Champsavoy, président de l'Ordre de la Noblesse au lieu et place de mon susdit seigneur de Trémergat, père dudit enfant, et Messire Nicolas-Yves Borie, conseiller du Roi, sénéchal de Rennes, président de l'Ordre du Tiers, et pour marainne tres haute et tres puissante Dame Françoise-Gabrielle de Tane, épouse de tres haut et tres puissant seigneur Monseigneur Armand Marc de Saint-Hérem comte de Montmorin, chevalier des Ordres du Roi et de la Toison d'Or, maréchal des camps et armées de Sa Majesté, commandant en chef dans la province de Bretagne. La cérémonie faite en présence des Seigneurs et Dame soussignans. Le père dudit enfant baptisé en l'église de Bain en ce diocèse le vingt-quatre décembre 1742, la mère baptisée à l'église de Carfantain, diocèse de Dol, le vingt-six juillet 1741 et mariés en l'église de St Etienne de Rennes le six mai mil sept cent soixante seize.

(Signé) Tane, comtesse de Montmorin. — † Urb. R. Evêque et Comte de Dol. — Grignart, vicomte de Champsavoy. — Borie. — Le Mintier, abbé de Bôquien. — L'abbé d'Angenoust de Villefontaine. — Le chev. Borel de Bothemont. — Le Corcin. — Ollivier, maire et député de Port-Louis. — Trémergat. — De Caradeuc. — De la Moussaye. — De Ravenel de Boisteilleul. — Le Gendre, maire de Quimper, dep. comm[al]. — Aumette Duvautenet. — Des Bouillons, curé. — Le comte de Trémergat. — † T. F. J. Ev. de Quimper. — Desprès, R[r].

Rennes. — Imp. Marie Simon.

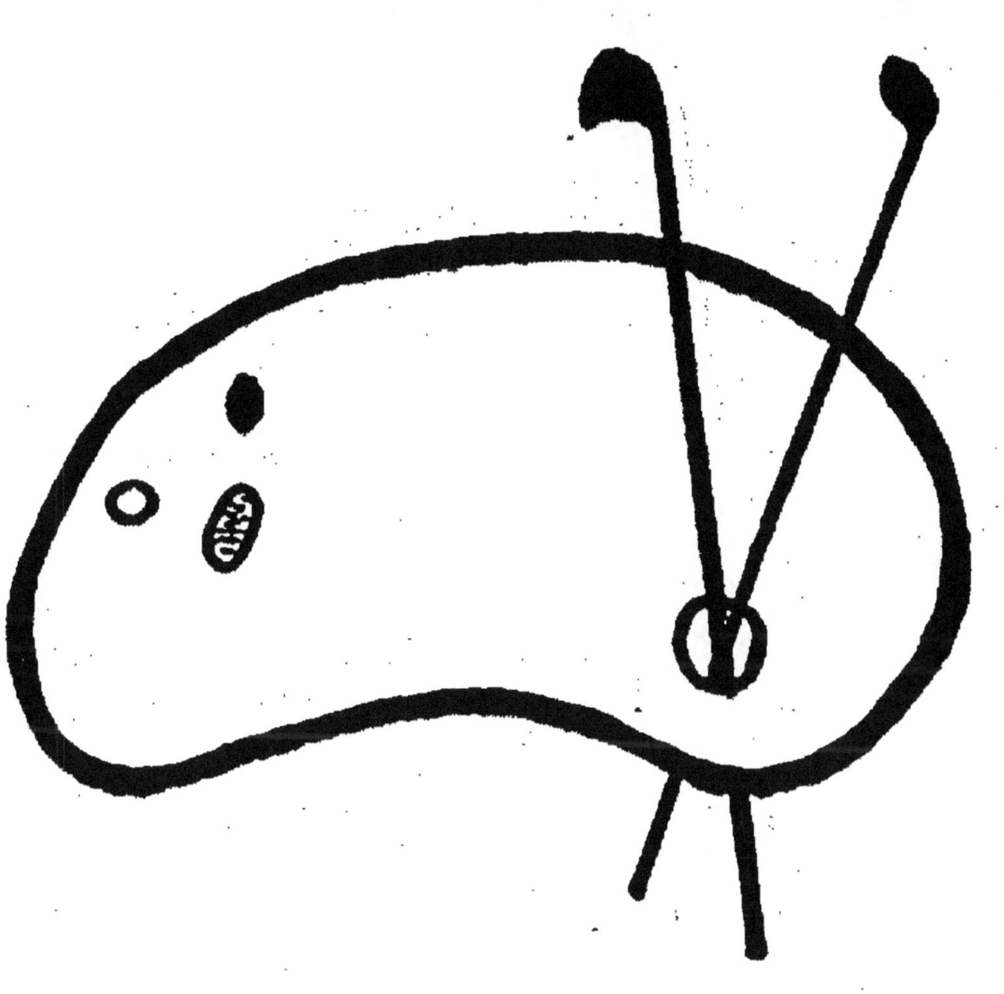

www.ingramcontent.com/pod-product-compliance
Lightning Source LLC
LaVergne TN
LVHW010255230826
846091LV00007B/2984

9782013453554